Elbridge Gerry

The Paul Revere of Colorado

Elbridge Gerry

The Paul Revere of Colorado

by Jennifer L. Buck

Filter Press, LLC
Palmer Lake, Colorado

Elbridge Gerry

by Jennifer L. Buck

To Mom for her years of proofreading my schoolwork
and encouraging me to write,
and in loving memory of Dad and Andy.

ISBN: 978-0-86541-156-2
LCCN: 2013946934

Produced with the support of Colorado Humanities and the National Endowment for the Humanities. Any views, findings, conclusions, or recommendations expressed in this publication do not necessarily represent those of the National Endowment for the Humanities or Colorado Humanities.

Cover photo courtesy History Colorado, 10039837

Printed in the United States of America

Published by Filter Press, LLC, in cooperation with
Denver Public Schools and Colorado Humanities

Elbridge Gerry

El Paul Revere de Colorado

Elbridge Gerry

El Paul Revere de Colorado

por Jennifer L. Buck

Filter Press, LLC
Palmer Lake, Colorado

Elbridge Gerry

por Jennifer L. Buck

A mamá, por los años que corrigió mis tareas escolares y por motivarme a escribir, y en memoria de papá y Andy.

ISBN: 978-0-86541-156-2
LCCN: 2013946934

Producido con el apoyo de la organización Colorado Humanities y el fondo National Endowment for the Humanities. Las opiniones, hallazgos, conclusiones o recomendaciones expresadas en la presente publicación no necesariamente representan los de la organización Colorado Humanities o los del fondo National Endowment for the Humanities.

Foto de portada cortesía del centro History Colorado, 10039837

Impreso en los Estados Unidos de América

Publicado por Filter Press, LLC, en cooperación conlas Escuelas Públicas de Denver y la organización Colorado Humanities.

Grandes vidas de la historia de Colorado

Augusta Tabor por Diane Major
Barney Ford por Jamie Trumbull
Benjamin Lindsey por Gretchen Allgeier
Bill Hosokawa por Steve Walsh
Charles Boettcher por Grace Zirkelbach
Chief Ouray por Steve Walsh
Chin Lin Sou por Janet Taggart
Clara Brown por Suzanne Frachetti
Doc Susie por Penny Cunningham
Elbridge Gerry por Jennifer L. Buck
Emily Griffith por Emily C. Post
Enos Mills por Steve Walsh
Fannie Mae Duncan por Angela Dire
Felipe y Dolores Baca por E. E. Duncan
Florence Sabin por Stacey Simmons
Frances Wisebart Jacobs por Martha Biery
Hazel Schmoll por Penny Cunningham
Helen Hunt Jackson por E. E. Duncan
Kate Slaughterback por Lindsay McNatt
Katharine Lee Bates por Monique Cooper-Sload
John Dyer por Jane A. Eaton
John Routt por Rhonda Rau
John Wesley Powell por Suzanne Curtis
Josephine Aspinwall Roche por Martha Biery
Justina Ford por K. A. Anadiotis
Little Raven por Cat DeRose
Otto Mears por Grace Zirkelbach
Ralph Carr por E. E. Duncan
Richard Russell por Christine Winn
Robert Speer por Stacy Turnbull
Rodolfo "Corky" Gonzales por Jorge-Ayn Riley
William Bent por Cheryl Beckwith
Zebulon Montgomery Pike por Steve Walsh

Contenido

Cortesía del centro History Colorado, 10039837

Elbridge Gerry, 1818–1875

Introducción

Ochocientos guerreros indígenas estadounidenses estaban listos para atacar a los colonos que vivían en Denver y a lo largo del sendero de South Platte River. Su intención era quemar las granjas, matar a los colonos blancos y destruir las haciendas. Iba a ser el mayor ataque a los colonos que jamás hubieran planificado los indígenas estadounidenses. Con lo que los embravecidos guerreros no contaban era con un héroe de Front Range llamado Elbridge Gerry.

Los primeros años

Elbridge Gerry nació el 18 de julio de 1818 en Massachusetts. Algunos dicen que era el nieto del Elbridge Gerry de Massachusetts que fue uno de los firmantes de la Declaración de la Independencia y vicepresidente de los Estados Unidos. El Elbridge Gerry de Colorado se mudó al oeste luego de que su madre falleciera y su padre se volviera a casar.

Elbridge nunca hablaba sobre su pasado, pero los que lo conocían creían que era probable que hubiera servido en la Marina antes de llegar a Colorado en 1840. Tenía un barco tatuado en el brazo y afirmaba que el tatuaje guardaba un secreto relacionado con su vida anterior.

Elbridge llegó a Colorado cuando tenía veintidós años para trabajar como **comerciante de pieles** para la empresa **American Fur Company**, y luego se mudó a **Bent's Fort.** Este fuerte fue construido en 1833 por los hermanos William y Charles Bent y su amigo Ceran St. Vrain. Era una, zona de intercambio comercial en un poblado

Cortesía de la Biblioteca DPL, Colección de Historia Occidental, Z-8907

Un cazador y comerciante de pieles típico llevaba un rifle y vestía un sobretodo y un sombrero de piel. Su caballo de carga llevaba los paquetes de pieles que esperaba vender en la zona de intercambio comercial.

donde los indios Cheyennes y Arapahos, los mercaderes españoles y los cazadores de pieles blancos podían canjear **pieles** de castor y **pieles de bisonte** por alimentos, herramientas o ropa. El fuerte tenía un espacio grande y abierto en el centro llamado patio, donde trabajaban los comerciantes. El patio estaba rodeado de muchas habitaciones. En el fuerte, los viajeros y los cazadores podían pasar la noche, comer, comerciar, reparar sus carretas y cuidar de sus caballos.

Los montañeses en general vivían de la tierra y cazaban animales con armas y colocando trampas en las montañas. Cazaban venados, bisontes y antílopes para comer y utilizaban la piel de los animales para hacerse la ropa. Las tribus indígenas amigas les enseñaban dónde cazar y cuáles plantas se podían comer.

Los montañeses ponían trampas para cazar castores, que vivían en los arroyos de las altas montañas. Durante el otoño y luego nuevamente en la primavera, cuando la piel de castor tenía mayor grosor, los montañeses colocaban las trampas bajo el agua a lo largo de los bordes de los arroyos. Las pieles de castor tenían mucha demanda y valían mucho dinero porque se usaban para hacer sombreros, sobretodos y otras prendas. Los comerciantes de pieles de los Estados Unidos y de otros países querían comprar pieles de castor. A los montañeses les pagaban entre seis y ocho dólares por cada piel de castor que llevaran a los comerciantes de pieles. En esa época eso era mucho dinero.

La vida como comerciante

En la década de 1840, gran parte de la población de castores había sido exterminada y la demanda de sus pieles había disminuido. La seda era ahora el material preferido para los sombreros y la ropa, de modo que la gente del este y de Europa dejó de comprar ropa hecha de piel de castor. Muchos tramperos se fueron de las Montañas Rocosas de Colorado en busca de otros trabajos. Algunos tramperos se convirtieron en granjeros en los valles del río Colorado; otros se volvieron guías para las personas que viajaban al oeste.

Elbridge Gerry se trasladó a Fort Laramie en el sudeste de Wyoming para comerciar pieles de bisonte con los indígenas, puesto que ahora valían mucho más que las pieles de castor. Estableció su propio puesto comercial a unas treinta y cinco millas al sur de Laramie.

Cortesía de la Biblioteca DPL, Colección de Historia Occidental, X-33798

En la zona de intercambio comercial, los indígenas hacen cola en el mostrador mientras los comerciantes canjean pieles de bisonte por café, ropa y otras provisiones.

Para 1853, la zona de intercambio comercial de Elbridge representaba un negocio de gran importancia. Allí, canjeaba harina, café, tocino y arroz por pieles de bisonte con los indígenas. También canjeaba otras cosas necesarias para los colonos y los indigenas con otros comerciantes: mantas, abalorios, ropa, cazuelas y chuchillos. Y estos, a su vez, podían hacer **trueques** con tribus indigenas. En la década de 1860, Elbridge comerciaba con mineros que viajaban a la zona de Big Thompson Creek en busca de oro.

En 1858, cerca de Cherry Creek, se había descubierto oro a lo largo del South Platte River. En 1859, se descubrió más oro en las montañas al oeste donde actualmente se encuentra Boulder. En esa época, miles de personas acudían a Colorado en busca de más oro en las Montañas Rocosas. Los buscadores de oro viajaban en carretas y a caballos. A menudo necesitaban hacer un alto para comprar cosas necesarias para la minería, como botas, palas, cascos y bateas. También necesitaban alimentos, ropa, ollas y mantas. El comercio de Elbridge Gerry era precisamente el lugar para que estos mineros pararan y compraran provisiones.

La vida matrimonial

Mientras vivió en Fort Laramie, Elbridge se casó varias veces. Primero estuvo casado con Kate Smith, una mujer de sangre indígena, ya que su madre era una india sioux. En 1843, nació Elizabeth, la hija mayor de Elbridge. Henry, su primer hijo varón, nació un año después. Kate y Elbridge tuvieron cuatro hijos. Más adelante, por motivos que se desconocen, el matrimonio fracasó, y Kate abandonó a Elbridge con los niños. Más adelante, este se casó con dos hijas de Joseph Red Kettle, un indio de la tribu Arickaree. A las dos mujeres les desagradaba la confusión que se generaba con tantas mujeres y niños en una casa, y finalmente también se fueron. Elbridge luego se casó con las hijas mellizas de Swift Bird, un jefe de la tribu Sioux. Fue integrado a la tribu, donde lo nombraron "Istaska", que quiere decir "Ojo Blanco".

Cortesía de la Biblioteca DPL, Colección de Historia Occidental, X-31350

Tres inidias sioux. Elbridge Gerry pasó a formar parte de la tribu Sioux.

Parece raro que un hombre haya tenido tantas esposas, pero lo que sucedía era que cuando un hombre blanco se casaba con una indígena estadounidense, pasaba a ser considerado como parte de la tribu y, por lo tanto, se esperaba que siguiera la costumbre de tener más de una esposa. Además de tener muchas esposas, Elbridge tuvo tantos hijos que la gente perdió la cuenta de cuántos eran en total.

La vida como hacendado

Alrededor de 1860, Elbridge se mudó con su familia a un sitio a diez millas al este de Greeley, donde el arroyo Crow Creek desemboca en el río South Platte River. Allí montó una gran hacienda de caballos que se extendía a lo largo del South Platte en el transitado sendero Bozeman Trail. Este sendero surgió con la fiebre del oro y los viajeros lo utilizaban para llegar a las minas de oro en Montana. Comenzaba en Texas, pasaba por Colorado, luego iba hacia el norte hasta Montana y seguía hasta Canadá. Más adelante, Elbridge construyó una zona de intercambio comercial del lado sur del río. Su zona de comercio se convirtió en una parada popular entre la gente que se dirigía al norte y que necesitaba canjear caballos o comprar provisiones. Elbridge ganó dinero y se hizo rico. Con el ingreso adicional, continuó acrecentando su manada de caballos e incorporó una manada de mulas.

A principios de la década de 1860, indios de las tribus Sioux, Cheyenne y Arapaho

El gobernador John Evans contrató a Elbridge Gerry para que actuara como conciliador e intérprete con los indios de las planicies de Colorado.

estaban enojados con los colonos blancos por quitarles sus tierras y exterminar las manadas de bisontes. A fin de ahuyentar a los colonos blancos, algunos pequeños grupos de indígenas quemaron granjas, robaron caballos y **animales de cría** y atacaron carretas que cruzaban las planicies. El gobernador John Evans necesitaba hombres de confianza que trabajaran en colaboración con los indígenas a fin de preservar la paz. Elbridge formaba parte de la tribu Sioux a raíz de su matrimonio. Los indígenas Cheyennes y Arapahos confiaban en él por su trabajo en las zonas de intercambios comerciales. En 1863, el gobernador Evans contrató a Elbridge como conciliador e **intérprete** para que lo ayudara a dialogar con los Arapahos y Cheyennes. Evans le pidió a Elbridge que concertara una reunión para acordar un tratado de paz con los líderes de las tribus Arapaho, Cheyenne y Sioux.

En julio de 1863, Elbridge partió con una carreta tirada por cuatro mulas y cargada de regalos para los indígenas estadounidenses y trató de concertar la reunión. Los indígenas, que acababan de regresar de una excelente cacería de bisontes, sabían lo valiosa que eran esas tierras y estaban dispuestos a luchar por ellas. Le dijeron a Elbridge que si la paz significaba abandonar sus territorios de caza, jamás llegarían a un acuerdo, puesto que pensaban que habría bisontes durante cientos de años.

Cortesía de la Biblioteca DPL, Colección de Historia Occidental, X-31527

Un grupo de guerreros Sioux fotografiados en 1898. En segundo plano, se ve su campamento de tipis.

La confianza entre los colonos blancos y los indígenas estadounidenses comenzó a resquebrajarse. En la primavera de 1864, los indígenas **asaltaron** los poblados, mataron a familias enteras y robaron caballos. Las tropas de Colorado marcharon para castigarlos y luchar contra los guerreros **hostiles**. Una madrugada de abril, estas enviaron mensajeros a Elbridge pidiéndole que se uniera a ellos como **explorador** para dirigir el ataque contra los indígenas. Como empleado contratado del gobernador Evans, Elbridge tuvo que cumplir las órdenes. Le dijo al ejército que colaboraría, aunque ello significara perder todo lo que tenía. Sabía que una vez que los indígenas supieran que estaba trabajando contra ellos, tratarían de destruir su hacienda y asesinar a su familia. Afortunadamente para Elbridge, una tormenta de nieve impidió que las tropas atacaran a los indígenas.

El Paul Revere de Colorado

Una noche de agosto de 1864, alrededor de las diez, dos indígenas estadounidenses llegaron a caballo a la hacienda de Elbridge. Ambos hombres, que eran familiares de sus esposas Sioux, le advirtieron que ochocientos guerreros Cheyennes, Arapahos y de otras tribus indígenas hostiles planificaban un ataque masivo contra todos los colonos que vivieran desde el norte de Denver hasta Pueblo, cien millas al sur. Los indígenas pensaban enviar cien guerreros al valle de Platte River, doscientos cincuenta a las nacientes del arroyo Cherry Creek y cuatrocientos cincuenta al valle de Fountain Creek y Arkansas River. Una vez allí, se dividirían en grupos más pequeños y atacarían las granjas, quemarían casas y establos, asesinarían colonos, robarían bienes y huirían con los animales de cría. Todo esto iba a ocurrir dos noches después de la noche en que Elbridge se enteró del plan.

Este sabía que debía decírselo al gobernador Evans para que se pudiera poner sobre aviso a los colonos que vivían en esas zonas. Esa misma noche, Elbridge montó en su caballo y partió como un rayo hacia Denver. Cabalgó entre sesenta y setenta millas, y cambió tres veces de caballo, para advertirle a la gente de las haciendas y los fuertes que se encontraban en el camino. Era famoso por ser uno de los mejores jinetes del territorio, y esa noche lo demostró.

Llegó a medianoche a la casa del gobernador. Faltaba solo un día para el ataque, de modo que el gobernador Evans envío mensajeros de inmediato para advertir al resto de los colonos. Los soldados se prepararon para el combate. A lo largo del sendero, las personas aseguraban sus casas, **encorralaban** el ganado y los caballos, y si vivían cerca de un fuerte, se refugiaban allí. Debido al comercio de pieles y a la necesidad de que los tramperos y comerciantes trabajaran durante todo el año, los fuertes y puestos habían sido construidos como lugares donde la gente se podía reunir en cualquier época del año. Los fuertes se erigían cerca de ríos y senderos por todo el oeste. Solo había cuatro a lo largo de South Platte River.

Al día siguiente, aparecieron pequeños grupos de indios en Front Range, desde Platte River hasta Arkansas River, pero su plan de asalto fracasó. Debido a la advertencia de Elbridge y al trabajo de los mensajeros del ejército, los embravecidos guerreros se encontraron con que los colonos se habían ido o bien estaban totalmente preparados para defender su tierra. El gobernador Evans dijo más adelante que si el ataque se hubiese concretado, habría sido la mayor masacre de todos los tiempos de Colorado. Del mismo modo que en 1775, el héroe de la Guerra de ia Independencia, Paul Revere, advirtió a los colonos estadounidenses que los casacas rojas (los soldados ingleses) se aproximaban para atacar, Elbridge advirtió a los colonos de Front Range sobre los indígenas estadounidenses. Con ello se ganó el apodo de "el Paul Revere de Colorado".

La venganza

Cuando los indígenas supieron que Elbridge había advertido a los colonos sobre su ataque, se vengaron. El 21 de agosto de 1864, cabalgaron hasta su hacienda y ahuyentaron sus caballos y mulas. Al año siguiente, nuevamente asaltaron su hacienda y ahuyentaron más caballos. Por sus valientes servicios al gobernador y a los colonos de Platte River de Colorado, en 1872 el gobierno de los Estados Unidos le pagó a Elbridge 13 mil dólares por los caballos y las mulas que los indígenas le robaron. Con este dinero, Elbridge construyó Gerry House Hotel en Evans, Colorado, y continuó criando caballos en su hacienda.

El legado

Luego de una corta enfermedad, Elbridge Gerry falleció el 19 de abril de 1875, a los 57 años. Elbridge se merece un lugar de honor en la historia de Colorado. Como hacendado y comerciante **destacado**, conservó la paz con los indígenas hasta los ataques de 1864 a 1866. La rapidez con que actuó salvó centenares de vidas a lo largo de South Platte River cuando los indígenas planificaron un ataque masivo en 1864. Se le recuerda como un hombre valiente, honesto, **generoso** y **hospitalario**. Elbridge Gerry fue sepultado en una pequeña colina con vista a su hacienda de Colorado, que se encuentra a una milla y media al norte de Kuner en el Condado de Weld.

Preguntas para reflexionar

- ¿Te habría gustado vivir como un montañés? ¿Por qué?
- ¿Cuáles son algunas de las razones por las que la gente vino a vivir a Colorado?
- ¿De qué forma los indígenas estadounidenses usaban los fuertes y las zonas de intercambio comercial?
- ¿De qué manera Elbridge Gerry marcó una diferencia para Colorado?

Preguntas para los integrantes del programa Young Chautauqua

- ¿Por qué se me recuerda (o se me debería recordar) en la historia?
- ¿Qué dificultades enfrenté y cómo las superé?
- ¿Cuál es mi contexto histórico (qué otras cosas sucedían en mi época)?

Glosario

American Fur Company: compañía que compraba pieles a los indígenas estadounidenses. Fue fundada en el estado de Washington por John Jacob Astor, quien posteriormente estableció zonas de intercambio comercial en las Montañas Rocosas.

Animales de cría: animales de granja.

Asaltaron: atacaron repentinamente o invadieron.

Bent's Fort: fuerte que construyeron William y Charles Bent y Ceran St. Vrain en el sudeste de Colorado, al que podían ir indígenas estadounidenses, comerciantes, tramperos, viajeros y militares a comerciar y comprar provisiones.

Comerciante de pieles: alguien que intercambia mercadería por pieles de animales sin utilizar dinero.

Destacado: fácil de notar; que se diferencia o es especial.

Encorralaban: guardaban los caballos o el ganado en una zona cercada.

Explorador: persona enviada para recabar información.

Generoso: dispuesto a dar o compartir.

Hospitalario: amable y generoso para recibir huéspedes.

Hostiles: acerca de un enemigo o relacionado con este; poco amistoso.

Intérprete: alguien que transmite el significado de algo, explica o traduce.

Pieles: cueros de animal que conservan el pelaje.

Pieles de bisonte: pieles de bisonte a las que se les dejaba el pelaje y que se utilizaban como prendas, alfombras o mantas de abrigo.

Trueque: intercambio de una cosa por otra sin usar dinero.

Línea cronológica

1818
Nace Elbridge Gerry en Massachusetts.

1840
Elbridge se traslada a Colorado a trabajar como comerciante de pieles.

1842
Elbridge abre un puesto comercial en Fort Laramie, Wyoming. Se casa con Kate Smith.

1853
La zona de intercambio comercial de Elbridge es muy próspera y este se vuelve a casar.

1860
Elbridge se muda a tierras al este de Greeley y monta una hacienda de caballos.

1861
Colorado se convierte en territorio de los Estados Unidos.

1862
Los indígenas estadounidenses asaltan poblados cerca de Denver a principios de la primavera.

Línea cronológica

1863
El gobernador Evans contrata a Elbridge como intérprete.

1864
Elbridge frustra el plan de los indígenas estadounidenses de atacar a los colonos.

1865
Los indígenas estadounidenses asaltan la hacienda de Elbridge, y se llevan sus caballos.

1872
El gobierno de los Estados Unidos le paga a Elbridge parte de las manadas que perdió en los asaltos.

1875
Elbridge fallece luego de una corta enfermedad.

1876
Colorado se convierte en el estado número 38.

Bibliografía

Bordeaux Bettelyoun, Susan. *With My Own Eyes: A Lakota Woman Tells Her People's History.* Lincoln: University of Nebraska Press, 1998.

Brown Propst, Nell. *The South Platte Trail: Story of Colorado's Forgotten People.* Norman: University of Oklahoma Press, 1994.

Dutton, Dorothy. *A Rendezvous with Colorado History.* Boise, Idaho: Sterling Ties Publications, 1999.

Hafen, Ann W. "Elbridge Gerry". *Mountain Men and the Fur Trade* 6 (1968): 153–160.

Hafen, Leroy R. "Elbridge Gerry, Colorado Pioneer". *Colorado Magazine* 29 (1952): 137–149.

Howbert, Irving. *The Indians of the Pike's Peak Region.* New York: The Knickerbocker Press, 1914.

Sundling, Charles W. *Mountain Men of the Frontier.* Edina, Minnesota: Abdo Publishing Co., 2000.

Índice

Acerca de esta serie

En 2008, la organización Colorado Humanities y el Departamento de Estudios Sociales de las Escuelas Públicas de Denver se asociaron a fin de implementar el programa Young Chautauqua de Colorado Humanities en las Escuelas Públicas de Denver y crear una serie de biografías sobre personajes históricos de Colorado, escritas por maestros para jóvenes lectores. El proyecto se denominó "Writing Biographies for Young People". Filter Press se sumó al proyecto en 2010 para publicar las biografías en una serie que se tituló "Grandes vidas en la historia de Colorado".

Los autores voluntarios, maestros de profesión, se comprometieron a investigar y escribir la biografía de un personaje histórico de su elección. Se informaron sobre el programa Young Chautauqua de Colorado Humanities a través de sus portavoces y participaron en un taller de cuatro días que incluyó el recorrido por tres importantes bibliotecas de Denver: el centro de investigación Stephen H. Hart Library and Research Center en el centro History Colorado, el Departamento de Genealogía e Historia Occidental de la biblioteca Denver Public Library y la biblioteca Blair-Caldwell African American Research Library. Para escribir las biografías, emplearon las mismas destrezas que se espera de los estudiantes: la identificación y localización de recursos confiables para la investigación, la documentación de dichos recursos y la elección de información adecuada a partir de ellos.

El resultado del esfuerzo de los maestros fue la publicación de trece biografías en 2011 y veinte en 2013. Al tener acceso a la colección curricular completa de las biografías elaboradas acorde a su edad, los estudiantes podrán leer e investigar por sus propios medios y aprender valiosas habilidades de escritura e investigación a temprana edad.

Con la lectura de cada biografía, los estudiantes adquirirán conocimientos y aprenderán a valorar las luchas y vicisitudes que superaron nuestros antepasados, la época en la que vivieron y por qué deben ser recordados en la historia.

El conocimiento es poder. Las biografías de la serie "Grandes vidas en la historia de Colorado" ayudarán a que los estudiantes de Colorado descubran lo emocionante que es aprender historia a través de las vidas de sus héroes.

Se puede obtener información sobre la serie a través de cualquiera de los tres socios:

Filter Press en www.FilterPressBooks.com
Colorado Humanities en www.ColoradoHumanities.org
Escuelas Públicas de Denver en curriculum.dpsk12.org/

Reconocimientos

La organización Colorado Humanities y las Escuelas Públicas de Denver agradecen a las numerosas personas que contribuyeron con la serie "Grandes vidas en la historia de Colorado". Entre ellas se encuentran:

Los maestros que aceptaron el desafío de escribir las biografías.

Dra. Jeanne Abrams, directora de la sociedad histórica judía Rocky Mountain Jewish Historical Society, y Frances Wisebart Jacobs, experta.

Paul Andrews y Nancy Humphry, Felipe y Dolores Baca, expertos.

Dra. Anne Bell, directora del programa Teaching with Primary Sources, University of Northern Colorado.

Analía Bernardi, traductora bilingüe, Escuelas Públicas de Denver.

Mary Jane Bradbury, portavoz Chautauqua de la organización Colorado Humanities, y Augusta Tabor, experta.

Joel' Bradley, coordinador de proyectos, Escuelas Públicas de Denver.

Sue Breeze, portavoz Chautauqua de la organización Colorado Humanities, y Katharine Lee Bates, experta.

Betty Jo Brenner, coordinadora de programas, organización Colorado Humanities.

Tim Brenner, editor.

Margaret Coval, directora ejecutiva, organización Colorado Humanities.

Michelle Delgado, coordinadora de Estudios Sociales de Enseñanza Primaria, Escuelas Públicas de Denver.

Jennifer Dewey, bibliotecaria de consulta, biblioteca Denver Public Library, Departamento de Genealogía e Historia Occidental.

Jen Dibbern y Laura Ruttum Senturia, biblioteca y centro de investigación Stephen H. Hart Library and Research Center, centro History Colorado.

Coi Drummond-Gehrig, director de Investigación y Ventas de Imagen Digital, biblioteca Denver Public Library.

Susan Marie Frontczak, portavoz Chautauqua de la organización Colorado Humanities y orientadora del programa Young Chautauqua.

Tony Garcia, director artístico ejecutivo de El Centro Su Teatro y Rodolfo "Corky" Gonzales, experto.

Melissa Gurney, Museos de la Ciudad de Greeley, centro de investigación Hazel E. Johnson Research Center.

Jim Havey, Productor/Fotógrafo, Havey Productions, Denver, Colorado.

Josephine Jones, directora de programas, organización Colorado Humanities.

Jim Kroll, director, Departamento de Genealogía e Historia Occidental, biblioteca Denver Public Library.

Steve Lee, portavoz Chautauqua de la organización Colorado Humanities, y Otto Mears, experto.

April Legg, desarrolladora de programas escolares, centro History Colorado, Programas de Educación y Desarrollo.

Nelson Molina, editor de español y asesor de traducción.

Terry Nelson, director de Recursos Comunitarios y Colecciones Especiales, biblioteca Blair-Caldwell African American Research Library, y Fannie Mae Duncan, experta.

Jessy Randall, curadora de Colecciones Especiales, Colorado College, Colorado Springs, Colorado.

Elma Ruiz, coordinadora de Estudios Sociales K–5, Escuelas Públicas de Denver, 2005–2009.

Keith Schrum, curador de libros y manuscritos, biblioteca y centro de investigación Stephen H. Hart Library and Research Center, centro History Colorado.

William Thomas, biblioteca Pikes Peak Library District.

Danny Walker, bibliotecario principal, biblioteca Blair-Caldwell African American Research Library.

Dr. William Wei, profesor de Historia, Universidad de Colorado, Boulder, y Chin Lin Sou, experto.

Acerca de la autora

Jennifer L. Buck es maestra y administradora en Adams 12 Five Star School District desde 1999. Cuando daba clases en cuarto grado, su tema de estudio favorito era "Los tramperos de pieles y los montañeses". Los alumnos de ese grado la inspiraron a escribir sobre Elbridge Gerry.

Great Lives in Colorado History

Augusta Tabor by Diane Major
Barney Ford by Jamie Trumbull
Benjamin Lindsey by Gretchen Allgeier
Bill Hosokawa by Steve Walsh
Charles Boettcher by Grace Zirkelbach
Chief Ouray by Steve Walsh
Chin Lin Sou by Janet Taggart
Clara Brown by Suzanne Frachetti
Doc Susie by Penny Cunningham
Elbridge Gerry by Jennifer L. Buck
Emily Griffith by Emily C. Post
Enos Mills by Steve Walsh
Fannie Mae Duncan by Angela Dire
Felipe and Dolores Baca by E. E. Duncan
Florence Sabin by Stacey Simmons
Frances Wisebart Jacobs by Martha Biery
Hazel Schmoll by Penny Cunningham
Helen Hunt Jackson by E. E. Duncan
Kate Slaughterback by Lindsay McNatt
Katharine Lee Bates by Monique Cooper-Sload
John Dyer by Jane A. Eaton
John Routt by Rhonda Rau
John Wesley Powell by Suzanne Curtis
Josephine Aspinwall Roche by Martha Biery
Justina Ford by K. A. Anadiotis
Little Raven by Cat DeRose
Otto Mears by Grace Zirkelbach
Ralph Carr by E. E. Duncan
Richard Russell by Christine Winn
Robert Speer by Stacy Turnbull
Rodolfo "Corky" Gonzales by Jorge-Ayn Riley
William Bent by Cheryl Beckwith
Zebulon Montgomery Pike by Steve Walsh

Contents

Elbridge Gerry, 1818–1875

Introduction

Eight hundred Native American warriors were ready to attack settlers living in Denver and along the South Platte River Trail. The warriors were going to burn farmhouses, kill white settlers, and destroy ranches. It was to be the largest attack on settlers ever planned by the Native Americans. What the angry warriors did not count on was a Front Range hero named Elbridge Gerry.

Early Life

Elbridge Gerry was born July 18, 1818, in Massachusetts. Some say he was the grandson of Massachusetts's Elbridge Gerry who was a signer of the Declaration of Independence and the vice president of the United States. Colorado's Elbridge Gerry moved west after his mother died and his father remarried. Elbridge never talked about his past, but those who knew him believed he may have served in the navy before coming to Colorado in 1840. He had a ship tattooed on his arm and claimed that his tattoo held a secret to his early life.

Elbridge came to Colorado when he was 22 to work as a **fur trader** for the **American Fur Company**, then he moved to **Bent's Fort**. Bent's Fort was built in 1833 by brothers William and Charles Bent and their friend Ceran St. Vrain. It was a trading post where

Courtesy DPL, Western History Collection, Z-8907

A typical trapper and fur trader carried a rifle and wore a fur hat and coat. His pack horse carried the bundles of furs he hoped to sell at a trading post.

Cheyenne and Arapaho Indians, Spanish merchants, and white trappers could trade beaver **pelts** or **buffalo robes** for food, tools, or clothing. The fort had a large open space in the middle, called a courtyard, where the traders worked. The courtyard was surrounded by many rooms. Travelers and trappers could spend the night, eat, trade, repair their wagons, and care for their horses at the fort.

Mountain men spent most of their time living off the land and hunting and trapping animals in the mountains. They hunted deer, buffalo, and antelope for food and used the animal skins to make their clothing. Friendly Indian tribes taught the mountain men where to hunt and which plants were safe to eat.

Mountain men trapped beavers that lived in the high mountain streams. In the fall and again in the spring, when beaver fur was thickest, the men set their underwater traps along the edges of streams. Beaver pelts were in high demand and worth a lot of money because they were used for hats, coats, and other clothing. Fur traders in the United States and in other countries wanted to buy beaver pelts. A mountain man would be paid six to eight dollars for each beaver pelt he brought back to the fur traders, which was a lot of money at that time.

Life as a Trader

By the 1840s, most of the beaver population had been killed, and the demand for beaver pelts had decreased. Silk was now the popular material for hats and clothing, so people in the East and Europe stopped buying clothing made from beaver pelts. Many trappers left the Colorado Rocky Mountains in search of other jobs. Some trappers became farmers in Colorado's river valleys; others became guides for people traveling to the West.

Elbridge Gerry traveled to Fort Laramie in southeastern Wyoming to trade with the Native Americans for buffalo skins, which were now more valuable than beaver pelts. He set up his own trading post about 35 miles south of Laramie. By 1853 Elbridge's trading post was a large business. At the post, Elbridge traded flour, coffee, bacon, and rice for buffalo

Courtesy DPL, Western History Collection, X-33798

At a trading post, Native Americans line up at the counter while traders exchange buffalo hides for coffee, cloth, and other supplies.

skins from the Native Americans. He also traded other things that settlers and Native Americans needed—such as blankets, beads, cloth, kettles, and knives—to other traders, so they too could **barter** with Native American tribes. In the 1860s, Elbridge traded with miners who traveled to the Big Thompson Creek area in search of gold.

Gold had been discovered along the South Platte River in 1858 near Cherry Creek. In 1859 more gold was discovered in the mountains west of present-day Boulder. Thousands of people rushed to Colorado at this time to search for more gold throughout the Rocky Mountains. The gold seekers traveled in wagons and on horses. They needed to stop often to buy things necessary for mining gold, such as boots, shovels, hats, and pans. They also needed food, clothes, pots, and blankets. Elbridge Gerry's trading post was just the place for these miners to stop and buy supplies.

Married Life

While living in Fort Laramie, Elbridge married several times. He first married Kate Smith, a woman who was part Native American. Her mother was a Sioux Indian. In 1843, Elbridge's oldest daughter, Elizabeth, was born. Henry, his first son, was born a year later. Kate and Elbridge had four children. Then, for unknown reasons, their marriage failed, and Kate left Elbridge with the children. He later married two daughters of Joseph Red Kettle, an Arickaree Indian. The two women disliked the confusion of so many women and children in one house and eventually left. Elbridge then married the twin daughters of Swift Bird, a Sioux Indian chief. When this marriage took place, he was adopted into the tribe and named Istaska or White Eye.

Courtesy DPL, Western History Collection, X-31350

Three Native American Sioux women. Elbridge Gerry married into the Sioux tribe.

It seems strange that a man should have so many wives, but when a white man married an Native American woman, he was then considered part of the tribe and was expected to follow the custom of having more than one wife. In addition to having many wives, Elbridge had so many children that people lost track of the total number.

Life as a Rancher

Around 1860, Elbridge moved his family to a site 10 miles east of Greeley at the mouth of Crow Creek where it emptied into the South Platte River. He started a large horse ranch along the South Platte on the busy Bozeman Trail. The Bozeman Trail was a gold rush trail used by travelers to reach the goldfields in Montana. It went from Texas, through Colorado, north to Montana, and into Canada. Later Elbridge built a trading post on the south side of the river. His trading post became a popular stop for people heading north who needed to trade horses or buy supplies. Elbridge made money and became wealthy. With the additional income, he continued to increase his herd of horses and added a herd of mules.

By the early 1860s, the Sioux, Cheyenne, and Arapaho Indians were angry with the

Courtesy DPL, Western History Collection, Z-2873

Governor John Evans hired Elbridge Gerry to work with the Plains Indians in Colorado as a peacemaker and interpreter.

white settlers for taking their land and killing off the buffalo herds. Small groups of Native Americans burned farmhouses, stole horses and **livestock**, and attacked wagons crossing the prairie to scare the white settlers away. Governor John Evans needed men he could trust who would work with the Native Americans to help keep the peace. Elbridge was an adopted member of the Sioux tribe through marriage. He was a trusted friend to the Cheyenne and Arapaho Indians through his work at his trading posts. In 1863 Governor Evans hired Elbridge as a peacemaker and **interpreter** to help him talk to the Arapaho and Cheyenne Indians. Evans asked Elbridge to set up a peace treaty meeting with the leaders of the Arapaho, Cheyenne, and Sioux tribes.

In July 1863, Elbridge took a four-mule team wagonload of gifts to the Native Americans and tried to set up the meeting. Having just returned from a successful buffalo hunt, the Native Americans knew how valuable this land was, and they were willing to fight for it. They told Elbridge that if peace meant leaving their hunting grounds,

Courtesy DPL, Western History Collection, X-31527

A group of Native American Sioux warriors photographed in 1898. Their tepee camp is in the background.

they would never agree to peace because they believed buffalo would be around for hundreds of years.

The trust between the white settlers and Native Americans began to break down. The Native Americans **raided** settlements in the spring of 1864, killing entire families and stealing horses. Colorado troops marched in to punish the Native Americans and fight the **hostile** warriors. Early one April morning, the troops sent messengers to Elbridge asking him to join them as a **scout** in leading the attack against the Native Americans. As a hired worker for Governor Evans, Elbridge had to follow orders. He told the army he would help, even though it meant losing everything he had. He knew that once the Native Americans found out he was working against them, they would try to destroy his ranch and kill his family. Fortunately, for Elbridge, a snowstorm stopped the troops from attacking the Native Americans.

The Paul Revere of Colorado

One night in August 1864, around ten o'clock, two Native Americans rode onto Elbridge's ranch. The two men were relatives of Elbridge's Sioux wives. They warned Elbridge that 800 warriors from the Cheyenne, Arapaho, and other hostile Native American tribes were planning an enormous attack on all the settlers who were living from just north of Denver all the way down to Pueblo, 100 miles to the south. The Native Americans planned to send 100 warriors to the valley of the Platte River, 250 to the head of Cherry Creek, and 450 to the valley of the Fountain and Arkansas Rivers. Once they reached these areas, the warriors would break into small groups and attack farmhouses, burn houses and barns, kill the settlers, steal property, and run off livestock. All of this was to take place two nights after the night Elbridge heard about the plan.

Elbridge knew he had to tell Governor Evans so the governor could warn all the settlers living in these areas. That very same night, Elbridge leapt onto his horse and thundered off to Denver. He rode between 60 and 70 miles, changing horses three times, to warn the people in the ranches and forts along the way. He was known as one of the finest horsemen in the territory, and he proved it that night.

He arrived at the governor's house at midnight. The attack was just one day away, so Governor Evans immediately sent messengers to warn the rest of the settlers. Soldiers prepared for battle. All along the trail, people made their homes more secure, **corralled** their cattle and horses, and gathered at forts if they lived near one, for protection. Because of the fur trade and the need for trappers and traders to trade throughout the year, forts and trading posts had been built where people could gather all year long. Forts were built near rivers and trails throughout the West. Only four forts were built along the South Platte River.

The next day, small groups of Indians appeared along the Front Range, from the Platte River to the Arkansas River, but their planned raid failed. Because of Elbridge's warning and the work of the army messengers, the angry warriors discovered all the settlers had either left or were fully prepared to defend their land. Governor Evans later said that if this attack had taken place, it would have been the largest massacre ever in Colorado. Just as Revolutionary War hero Paul Revere warned the American settlers in 1775 that the redcoats (the English soldiers) were coming to attack, Elbridge warned the settlers of the Front Range about the Native Americans and earned the nickname "the Paul Revere of Colorado."

Revenge

When the Native Americans learned that Elbridge had warned settlers of their planned attack, they took revenge. On August 21, 1864, the Native Americans rode onto his ranch and drove off his horses and mules. The next year, they again raided his ranch, driving off more horses. For his brave services to the governor and the Platte River settlers of Colorado, in 1872 the U.S. government paid Elbridge $13,000 for the horses and mules that the Native Americans had stolen. With this money, Elbridge built the Gerry House Hotel in Evans, Colorado, and continued raising horses on his ranch.

Legacy

After a brief illness, Elbridge Gerry died on April 19, 1875, at age 57. Elbridge deserves a place of honor in Colorado history. As a **prominent** trader and rancher, he maintained peace with the Native Americans until the raids of 1864–1866. His quick action saved hundreds of lives along the South Platte River when Native Americans planned an enormous attack in 1864. He was remembered as a brave, honest, **generous,** and **hospitable** man. Elbridge Gerry was buried on a small hill overlooking his Colorado ranch, one and a half miles north of the town of Kuner in Weld County.

Questions to Think About

- Would you have liked to live as a mountain man? Why or why not?
- What are some reasons people came to Colorado?
- How were trading posts and forts used by settlers and Native Americans?
- How did Elbridge Gerry make a difference for Colorado?

Questions for Young Chautauquans

- Why am I (or should I be) remembered in history?
- What hardships did I face, and how did I overcome them?
- What is my historical context (what else was going on in my time)?

Glossary

American Fur Company: a business that bought furs from Native Americans. It was started in Washington State by John Jacob Astor, who later set up trading posts in the Rocky Mountains.

Barter: to trade by exchanging one thing for another without using money.

Bent's Fort: a fort built by William and Charles Bent and Ceran St. Vrain in southeastern Colorado, where Native Americans, traders, trappers, travelers, and military men could go to trade and/or buy supplies.

Buffalo robes: buffalo skins with hair left on, used as robes, rugs, or blankets.

Corralled: moved horses or cattle to a fenced-in area.

Fur trader: one who exchanges goods for animal skins without using money.

Generous: willing to give or share.

Hospitable: friendly and generous in entertaining guests.

Hostile: of or relating to an enemy; unfriendly.

Interpreter: one who tells the meaning of, explains, or translates.

Livestock: farm animals.

Pelts: animals' skins with the fur or hair still attached.

Prominent: easily noticeable; set apart as different or special.

Raided: attacked suddenly or invaded.

Scout: a person sent out to gather information.

Timeline

1818
Elbridge Gerry was born in Massachusetts.

1840
Elbridge came to Colorado to work as a fur trader.

1842
Elbridge opened a trading post in Fort Laramie, Wyoming. Elbridge married Kate Smith.

1853
Elbridge's trading post was a thriving business, and he remarried.

1860
Elbridge moved to land east of Greeley and started a horse ranch.

1861
Colorado became a territory of the United States.

1862
Native Americans raided settlements near Denver in the early spring.

Timeline

1863
Governor Evans hired Elbridge to be an interpreter.

1864
Elbridge stopped the Native Americans' plan to attack settlers.

1865
Native Americans raided Elbridge's ranch, running off his horses.

1872
U.S. government paid for some of Elbridge's lost herds.

1875
Elbridge died after a short illness.

1876
Colorado became the 38th state.

Bibliography

Bordeaux Bettelyoun, Susan. *With My Own Eyes: A Lakota Woman Tells Her People's History.* Lincoln: University of Nebraska Press, 1998.

Brown Propst, Nell. *The South Platte Trail: Story of Colorado's Forgotten People.* Norman: University of Oklahoma Press, 1994.

Dutton, Dorothy. *A Rendezvous with Colorado History.* Boise, Idaho: Sterling Ties Publications, 1999.

Hafen, Ann W. "Elbridge Gerry." *Mountain Men and the Fur Trade* 6 (1968): 153–160.

Hafen, Leroy R. "Elbridge Gerry, Colorado Pioneer." *Colorado Magazine* 29 (1952): 137–149.

Howbert, Irving. *The Indians of the Pike's Peak Region.* New York: The Knickerbocker Press, 1914.

Sundling, Charles W. *Mountain Men of the Frontier.* Edina, Minnesota: Abdo Publishing Co., 2000.

Index

About This Series

In 2008 Colorado Humanities and Denver Public Schools' Social Studies Department began a partnership to bring Colorado Humanities' Young Chautauqua program to DPS and to create a series of biographies of Colorado historical figures written by teachers for young readers. The project was called Writing Biographies for Young People. Filter Press joined the effort to publish the biographies in 2010 under the series title Great Lives in Colorado History.

The volunteer teacher-writers committed to research and write the biography of a historic figure of their choice. The teacher-writers learned from Colorado Humanities Young Chautauqua speakers and authors and participated in a four-day workshop that included touring three major libraries in Denver: The Stephen H. Hart Library and Research Center at History Colorado, the Western History and Genealogy Department in the Denver Public Library, and the Blair-Caldwell African American Research Library. To write the biographies, they used the same skills expected of students: identify and locate reliable sources for research, document those sources, and choose appropriate information from the resources.

The teachers' efforts resulted in the publication of thirteen biographies in 2011 and twenty in 2013. With access to the full classroom set of age-appropriate biographies, students will be able to read and research on their own, learning valuable research and writing skills at a young age. As they read each biography, students will gain knowledge and appreciation of the struggles and hardships overcome by people from our past, the time period in which they lived, and why they should be remembered in history.

Knowledge is power. The Great Lives in Colorado History biographies will help Colorado students know the excitement of learning history through the life stories of heroes.

Information about the series can be obtained from any of the three partners:

Filter Press at www.FilterPressBooks.com
Colorado Humanities at www.ColoradoHumanities.org
Denver Public Schools at curriculum.dpsk12.org

Acknowledgments

Colorado Humanities and Denver Public Schools acknowledge the many contributors to the Great Lives in Colorado History series. Among them are the following:

The teachers who accepted the challenge of writing the biographies
Dr. Jeanne Abrams, Director of the Rocky Mountain Jewish Historical Society and Frances Wisebart Jacobs subject expert
Paul Andrews and Nancy Humphry, Felipe and Dolores Baca subject experts
Dr. Anne Bell, Director, Teaching with Primary Sources, University of Northern Colorado
Analía Bernardi, Spanish Translator, Denver Public Schools
Mary Jane Bradbury, Colorado Humanities Chautauqua speaker and Augusta Tabor subject expert
Joel' Bradley, Project Coordinator, Denver Public Schools
Sue Breeze, Colorado Humanities Chautuaqua speaker and Katharine Lee Bates subject expert
Betty Jo Brenner, Program Coordinator, Colorado Humanities
Tim Brenner, editor
Margaret Coval, Executive Director, Colorado Humanities
Michelle Delgado, Elementary Social Studies Coordinator, Denver Public Schools
Jennifer Dewey, Reference Librarian, Denver Public Library, Western History Genealogy Department
Jen Dibbern and Laura Ruttum Senturia, Stephen H. Hart Library and Research Center, History Colorado
Coi Drummond-Gehrig, Digital Image Sales and Research Manager, Denver Public Library

Susan Marie Frontczak, Colorado Humanities Chautauqua speaker and Young Chautauqua coach
Tony Garcia, Executive Artistic Director of El Centro Su Teatro and Rodolfo "Corky" Gonzales subject expert
Melissa Gurney, City of Greeley Museums, Hazel E. Johnson Research Center
Jim Havey, Producer/Photographer, Havey Productions, Denver, Colorado
Josephine Jones, Director of Programs, Colorado Humanities
Jim Kroll, Manager, Western History and Genealogy Department, Denver Public Library
Steve Lee, Colorado Humanities Chautauqua speaker and Otto Mears subject expert
April Legg, School Program Developer, History Colorado, Education and Development Programs
Nelson Molina, Spanish language editor and translation consultant
Terry Nelson, Special Collection and Community Resource Manager, Blair-Caldwell African American Research Library and Fannie Mae Duncan subject expert
Jessy Randall, Curator of Special Collections, Colorado College, Colorado Springs, Colorado
Elma Ruiz, K–5 Social Studies Coordinator, Denver Public Schools, 2005–2009
Keith Schrum, Curator of Books and Manuscripts, Stephen H. Hart Library and Research Center, History Colorado
William Thomas, Pike Peak Library District
Danny Walker, Senior Librarian, Blair-Caldwell African American Research Library
Dr. William Wei, Professor of History, University of Colorado, Boulder, and Chin Lin Sou subject expert

About the Author

Jennifer L. Buck has been a teacher and administrator in Adams 12 Five Star School District since 1999. When she taught fourth grade, her favorite unit of study was "Fur Trappers and Mountain Men." She was inspired to write about Elbridge Gerry by the boys in her fourth-grade classes.

Acerca de la autora